我们都是一样的孤独

接纳自我，给心找个立足之处

［日］水岛广子◎著
王晓蕊◎译

国家一级出版社 中国纺织出版社 全国百佳图书出版单位

著作权合同登记号：图字：01-2018-3359

图书在版编目（CIP）数据

我们都是一样的孤独：接纳自我，给心找个立足之处 /（日）水岛广子著；王晓蕊译.—北京：中国纺织出版社，2018.11

ISBN 978-7-5180-5459-6

Ⅰ.①我… Ⅱ.①水… ②王… Ⅲ.①人际关系学—通俗读物 Ⅳ.①C912.11-49

中国版本图书馆CIP数据核字（2018）第227676号

责任编辑：李　杨　　责任校对：江思飞　　责任印制：储志伟

中国纺织出版社出版发行

地址：北京市朝阳区百子湾东里A407号楼　邮政编码：100124

销售电话：010—67004422　传真：010—87155801

http：//www.c-textilep.com

E-mail：faxing@c-textilep.com

中国纺织出版社天猫旗舰店

官方微博http：//weibo.com/2119887771

北京玺诚印务有限公司印刷　各地新华书店经销

2018年11月第1版第1次印刷

开本：880×1230　1/32　印张：5.5

字数：49千字　定价：39.80元

前言
preface

“归属感”，最近好像总是能听到这个词。至少在我长大成人之前，也就是大概三十多年之前，这个词还并没有那么高的出现频率。

如今这个时代，“感觉自己不属于任何地方”已经成为一种深刻的烦恼。

那些长期逃学旷课的孩子应该到哪里去？那些从公司退休的人应该到哪里去？如何帮助这些人重新找到“立足之处”？这一问题越来越受到有关政府部门和非营利性组织的重视。

所谓的“立足之处”，不仅是一个物理层面的概念，更具有精神层面的含义。如果只从物理层面理解，一个人只要有地方可去，那这个地方就为他提供了容身的空间。然而，精神层面的含义却更加重要。一个人在物理意义上确实有地方可去，但是却无法融入其中，总是感觉自己游离在外，这样的例子并不少见。

家，本来应该是可以让人非常放松的地方，但是妻子和女儿总是在热聊各种与女性相关的话题，作为家庭经济支柱的男主人却感觉被排斥在外。这种时候，这个家或许就没有给他带来相应的“归属感”。

因此不少人反而是在工作场所更能感到安心，或者宁可沉浸在网络游戏中。

还有，很多人在参加聚会的时候会感到很不自在，不知道为什么，似乎只有自己无法融入其中。其他人都在很开心地聊天，只有自己找不到聊天的对象。就算有人和自己打招呼，也只是寒暄几句，很快就会去找其他人。自己做不到主动和人搭话，不知道如何才能熬过这漫长的时间。在别人眼中，这样的自己大概是一个完全不善于社交的无聊之人。这就是典型的“归属感缺失”的情况。

在职场上，上司不待见自己，同事也不把自己视作伙伴。这也是“归属感缺失”的例子之一。虽然自己的工位在物理意义上提供了一个“容身之所”，但是精神上却处于“我不属于这里”的状态。

本书正是围绕此类在精神上感觉“没有立足之地”的状态，探寻其中的本质究竟是什么，以及如何做才能真正为自己找到“归属感”。

通过研讨会我想明白一件事

在讨论这个宏大的主题之前，我有一个非常有借鉴意义的经历想要和大家分享。

为了写这本书，作为“头脑风暴”的一部分，我和AH机构（这是一个志愿活动组织，关注不同人群的心理状态并以“内心的平和”作为唯一目标，我在其中担任代表）的同事召开了一个以“摆脱‘归属感缺失’”为主题的研讨会。

对本次研讨会的内容，我会在这本书中的多个地方加以介绍。此次研讨会的参与者发表了很多感想，但是其中最令我印象深刻的一点是大家普遍认为“今天并没有那种缺乏归属感的感觉”。（参加研讨会的人中，有一些此前就已经认识，还有很多完全是陌生人。）

为什么大家会有这种感想，难道仅仅是因为这次研讨的主题很明确，所以参加的人都是怀着“想要为摆脱这种状态做点什么”的心情而来的？

我认为并非如此。其实无论是在学校里还是在职场上，无论是从事感兴趣的事还是参加聚会派对，主题或者目的大多都是很明确的，参加活动的人也都是怀着迎合这个主题或者目的的愿望去的，在这一点上并没有明显差异。

那么，为什么在以“摆脱‘归属感缺失’”为主题的研讨会上，大家却认为自己找到了归属感？

换言之，这个研讨会与其他那些让人们感觉不自在、感觉被排斥在外的场合有什么区别？哪些条件是必不可少的？

我认为这次研讨会的关键并不在于主题，而是其创造出来的“安全感”（作为参考，在本书155~156页有当天研讨会的行动指南，其中明确规定禁止提出一切意见和建议，只需要说出自己的故事，这是本次研讨会的一大特点）。

这种安全感，起到了使所有人都感到放松的作用，详细内容我会在书中进一步说明。也就是说，营造这样一个安全的场合，是让自己和周围的人都获得“归属感”的重要前提条件。

那么，如果这个场合不安全，甚至有危险，人们会有怎样的反应呢？

人类也是动物，因此拥有各种作为动物的原始反应。如果遇到危险，动物会有三种反应：逃跑、战斗、静止（Flight，Fight，Freeze）。

真正会选择反击的人其实并不多，但是由于我们一直接受的教育是这种做法才是“正确的”，各种关于奋斗和抗争的故事往往会被传为佳话。这种原始反应投射到精神层面，同样是适用的。

一说到“危险”，我们首先想到的可能会是暴力行为。但即使不存在暴力，也并不等于“安全”。如何能够获得精神领域的“安全感”，这是一个宏大的主题。

我们可以举例说明精神层面的“不安全感”。如某人总是颐指气使地说“你这样做可不行”，你肯定会觉得讨厌，再如某人总是说“你为什么不这样做或者那样做”，这样的建议方式你肯定也会觉得很烦。

此外，除了那种具有明显攻击意味的言行，如果其他人形成一个小团体，只有自己被排除在外，这种情况也会导致精神层面的“不安全感”。如果这种情况发展到极端，就会发生类似欺凌的事件。

“安全感”是“归属感”的前提条件，这一点我想并不难理解。但是，还有一些更为触及本质的问题。实际上，一个人之所以会感到“归属感缺失”，是因为没有做到“自我接纳”，我在书中会对此详细说明。因为不认为“这样的自己就很好”，所以会产生类似“我好像不适合出现在这里”“我好像和这里格格不入”的意识。

别人赋予的“归属感”，无法解决根本问题

那么所谓的“归属感缺失”，是一种完全被动的状态吗？

“反正我这种人，谁也不会在意的吧”“我这种人就算消失了，也不会有人为此感到困扰，更不会有人在意”，自己的存在似乎是寄托在其他人身上的。

如果有人在乎自己，为自己创造出一个可以安心生活的空间，或许就能够找到“归属感”。

我认为当然有这种可能性。也许会偶然之间遇到一个内心充满温暖的人，为你创造出“你在这里什么也不用担心”的氛围（刚才提到的“摆脱‘归属感缺失’”研讨会其实就是创造出了一个具有这种意味的空间）。但是，这个人到底会不会出现，这个可以安心生活的空间究竟能不能实现，就是一种完全被动的状态了，有点像买了一注彩票等待中奖的感觉。

而且，就算你对某个场合产生了舒适感，这种感觉也不适用于其他场合。换了一个地方，你就又会陷入孤独，然后继续等待有一个什么人出现，为你解决困扰。

因此，这种情况并不能算是真正解决了“归属感缺失”的问题，而是不断重复“陷入孤独”和“等待拯救”的过程，深深感受到自己的无力。

实际上，只有自己才能真正解决自己的孤独。这是最为本质而重要的问题，我在后面会详细地加以说明。

简单地概括一下，“归属感”的关键词，是“安全感”和“自我接纳”。比起等待奇迹出现和依靠他人给予的归属感，还是自己创造条件更加容易。而且只要你用心，就一定能够实现。

此外，消除精神层面的“流离失所”和增加物理层面的“容身之所”，二者是可以同向而行的。

那么，让我们带着对于“归属感缺失”的思考，和对如何通过自身力量获得“归属感”的探索，正式开启这本书的正文部分吧。

水岛广子

2016年6月

本书第一章将详细解说“归属感缺失”这种心理状态。第二章开始讲解减少“孤独感”和增加“归属感”的三个步骤。并且每章末都附有能为您带来“归属感”的小技巧。

您可以按照顺序阅读，也可以从您感兴趣的部分开始阅读。

相信读完之后，您一定会对于如何凭借自己的力量创造“归属感”有所感悟。

目录
contents

第1章

解读“归属感缺失”的本质

感觉“只有自己被排斥在外”

我们会在不同的地方用上“归属感”这个词，这里我们先用两个例子说明本书所谓的“归属感缺失”是哪种情况。

例 大规模的校友会，有很多人都是初次见面。周围的人有些在大牌企业任职，有些已经在政界出人头地，还有些找到了条件很好的另一半。自己感受到了强烈的冲击，不禁心生胆怯。

例 受朋友的邀请参加一个聚会，但是这个聚会实际是一个“同好会”，大家聊的话题都围绕一个共同的兴趣爱好，然而我对此完全不了解，感觉只有自己是个外人。

类似这两个事例，都是典型的感觉自己与周围的人之间缺乏“关联性”。其他人过着“高水平的生活”，或者有着共同的兴趣爱好，只有自己被排斥在外。

这种情况其实不胜枚举，它会导致孤独感和疲惫感的产生，以及自我肯定感的下降。如为什么只有自己过着低水准的生活，为什么只有自己如此差劲，为什么只有自己无法享受人生。

或许自己不在这里，其他人反而轻松，甚至认为就算自己消失，其他人也都无所谓。

所谓缺乏归属感，正是由于感受不到自己与其他人之间的关联。

感觉“自己实在太差劲了”

前面列举的那些例子，有时也会让人感觉“自己实在太差劲了”。

例　无论去到那里，都感觉“我不在这里或许更好”。唯一能给自己“归属感”的地方，只有自己的房间。我讨厌这样的自己。

如果产生类似这种“自己实在太差劲了”的想法，进一步延伸就成为“感觉这个世界没有我的立足之处”，再严重一些就变成对自己生存在世这件事感到不适应，极端的情况或许会导致自杀行为的产生。很多欺凌事件也与这种心理状态有关。

就算不演变成极端的情况，类似“归属感缺

失”的问题也会造成恶性循环。

越是感觉“自己不属于任何地方”，越容易产生“自己实在太差劲了”的想法，从而做出“不会有人能够接受我”的判断。

这种恶性循环会让人不知道应该如何着手解决问题，有点类似于陷入“鸡生蛋还是蛋生鸡”的状态。具体而言，一个人如果拥有自信，那么无论去什么地方都能应对自如。一个人如果在什么场合都能融入其中，那么自然就会产生自信；而一个人如果缺乏自信，总是无法融入周围环境，那么否定自我的感觉就会日益强烈。

“归属感缺失”的恶性循环，源于对自身存在价值的动摇。

面对冲击要有承受的能力

例　刚进入公司的新人势头很猛，有一种被追赶的压迫感（本人快要30岁了），总是在想自己“没做出什么成绩，而且不再是前辈关爱的对象了，也难以得到上司的重用了”，感觉很焦虑。

这是一个很重要的问题。新人崭露头角，同事获得表彰或者晋升，类似这种事情都会为我们带来心理压力。

在这个例子中，“新人势头很猛”，感觉自己受到压迫，可谓是一种“双重冲击”，即使尚未对自身产生什么直接的影响，“其他人表现不错”这件事本身就是一种冲击，反衬出“自己表现欠佳”，衍生出“别人都那么顺利，为什么自己就不行”的想法。有些人就会因此陷入了纠结之中。

有人表现出色，大家纷纷对他表示祝贺，这就造成了一种“只有自己被排斥在外”的感觉。这个例子中“难以得到上司的重用了”的感觉，就是没有安全感的表现之一。

这种感情更进一步，就会产生一种对他人不友善的心理——嫉妒。一旦意识到自己正在“嫉妒”别人，接下来还可能产生“我为什么无法因为他人的幸福而感到喜悦（我就是个气量如此狭小的人吗）”的想法。

被强行压抑的嫉妒心理可能会导致更加严重的问题。如果冲击过于剧烈，一个人可能会认为自己迄今为止的生存方式或者所做出的选择都是错误的，甚至质疑“我为什么要出生在这样的家庭？”“我为什么没有像其他人那样的工作能力和社交能力？”，从而陷入消沉之中。

然而，这其实是由于生存基础受到严重冲击所导致的一种精神层面的不安定状态，并不反映出真实情况。就算生活确实不是顺风顺水，但是大部分时候我们其实过的都是普通日子。那种“每天都是糟心事”的想法，是在冲击的影响下将不好的事情放大了。

这种时候，最好的办法是不要过分地深入分析，等着冲击的影响消退就好了。如果说得形象一点，就好像你的小脚趾踢到了什么坚硬的东西，当时的疼痛感肯定十分剧烈，但是你并不需要为此做什么，只要等着疼痛感消退就行了。你总不会认为“这只脚怎么这么不争气”，然后再踢上几下吧？

如果把所受到的冲击都太当一回事，一个人难免会备受挫折。如果能够认识到“这个冲击是我可以承受”的，然后等待着痛苦淡去，我们就能够逐渐找回平和的心态。

在新入职的同事逐渐熟悉公司的过程中，其实也是自己拓展人际关系的一个机会。那种“难以得到上司的重用了”的想法实际也是一种被夸张后的感悟，不妨和上司商讨一下“新人来了，有什么我可以做的吗？”找到适合自己的角色，这能够对于消除孤独感和增加归属感发挥巨大作用，这个问题我在后面会详细说。

人生中的各种冲击，与“归属感缺失”之间存在很直接的关联。越是感觉“别人什么都能做得很好”，越是感觉自己没有立足之处。但是如果能够意识到“这点冲击是我可以承受的”，就可以找到问题的解决方法。所以，还是把精力投入到日常事务之中吧，我们平凡的“日常”生活，其实是化解各种冲击的良药。

我们在第4章再进一步来说明与这种情况有关的内容。

冲击只是一时的。

最好的解决方式就是静待影响消退，别太把它当回事。

徒增形式上的关联，无助于加强内心的归属感

讨论“归属感缺失”这个问题，“关联性”当然是其中一个关键词。如果判断自己和周围的人之间不存在关联，那么“我不属于这里”的感觉就会随之产生。

参加一个无聊的聚会，但是努力装出一副很高兴的样子；讨论一个不感兴趣的话题，但是努力做出一副很感兴趣的表情，这些行为都是为了打造一种“形式上的关联”，不希望别人说“你看那个人一点都不合群”。

这种“形式上的关联”，对于消除“缺乏归属感”的心理状况真的有用吗？

很多人都热衷于打造这种“形式上的关联”，

而且为了营造一种“我很有人缘”的氛围，不少人为此拼尽全力。

但是结果却往往不尽如人意，这种努力往往令人感到筋疲力尽，反而产生一种“反正我这种人就是烂泥扶不上墙”的自我否定感。那种“归属感缺失”的感情不但没有消除，反而更加强烈。如果自己努力迎合却依然造成别人的不愉快，不可避免地会感到“我果然不是这块料”。

所以，就算你拼尽全力，但如果只是取得一种“形式上的关联”，对于增强内心的“归属感”也并无益处。

本书所说明的方法，并不是为了帮你取得这种“形式上的关联”，而是为了实现内心真正的安全感。

单纯追求“形式上的关联”，并不是获得归属感的正确方式。

接受“素颜”的自己，自然就能找到归属感

如前面所说，就算取得了一种“形式上的关联”，也完全不能从本质上解决“归属感缺失”的问题。远离真实的自己（根据他人意愿改变本来面目），会使得精神上“归属感缺失”以及自我否定的倾向更加强烈，很多人因此感到“活着真累”。

顺着这个思路，“归属感缺失”这件事，不仅发生在你与周围失去“关联”的时候，如果你为了取得“形式上的关联”而劳心劳力（无论你用实际行动打造出一个违背本心的形象，还是由此导致身心俱疲），也只会导致同样的后果。

因此，所谓的归属感，很大程度上取决于一个人能否真正与周围建立关联，同时真正接纳原原本

本的自己。这关系到一个人的尊严。

所谓自我接纳，就是不要否定原本的自己，认真感受自己的存在。“我才不是那种气量狭小的人”“我不能讨厌那个人，我应该做到无论对谁都很温柔”，类似这种想法就像是给真实的自己进行一种“心灵化妆”。逐渐地，一个人就会认为不经过“化妆”的自己，是不会被别人接受的。

自我接纳，就是要面对真实的自己和“素颜”的内心，“现阶段的我就是这个样子。虽然还有一些需要改进的地方，但这是我在经历了各种事情之后形成的状态，这个状态是最真实的”。

“归属感”的关键词是“自我接纳”，也就是无论何时都要直面自己的内心。

“我就是我，无须造作”，这种自我接纳的状态会使一个人产生安全感，也就为自己创造出了归属感。

如果你读过这本书，认识到了什么才是真正的“归属感”，哪怕有人对你发出“你为什么会在这里”的排斥信号，相信你也可以冷静应对。（虽然当时所遭受的冲击是相当严重的，需要一段时间来调整心态，但是之所以会造成这种局面，归根结底是对方的问题。）

“自我接纳”，是找到“归属感”的关键。

找到归属感= 学会自我接纳

如前所述，“归属感”与自我接纳之间存在深刻的联系。说得更加明确一点，所谓的“归属感缺失”，其实反映出一个人在自我接纳上存在问题。

如果做不到自我接纳，一个人无论身处何地，都会感觉自己其实不属于这里，或者认为自己不如别人。如果一个人怀疑自己不受欢迎，其实也就失去了归属感。

“如果以真面目示人，这个世界是不会接纳我的”。一个人如果抱有这种想法，就会从外表或者言语、行动上进行调整，做出一个自己可以与周围“融为一体”的假象，然而这并无助于解决内心的空虚，也无助于改善“总感觉自己不属于这里”“总感觉自己缺了些什么”的想法。

如何才能做到将问题的根源归结于对方而不是自己？

如果一个人能够实现自我接纳，认为“我就这样，没有问题”，那么根本就不会产生类似“世人全都排挤我，哪里都没有容身之处”的想法，而是会认为“问题一定出在对方那里”。

作为最低限度的社会礼仪要求，排挤别人本来就可以称作“没品”“不成熟”“小心眼”的行为。这就是对方的问题。但是如果一个人的自我接纳水平非常低，即使遭受了别人的排斥，也不会想“这是对方的问题”。

也就是说，“归属感”的问题，其实就是自我接纳的问题。而所谓自我接纳，就是接受最真实、最原本的自己。

如果一个人做不到自我接纳，那么除了在那种十分温暖和体贴的场合（如我们举办的研讨会），在其他任何地方都会找不到归属感。

一些人为寻求“归属感”做出了各种努力却依然无法如愿，这正是由于问题的根源并不在于外界环境，而在于自我接纳的程度。

自我接纳这件事，就是即便现在的自己处于缺乏归属感的状态之中，依然要学会接受。如果否定这样的自己，那么无论何时也不会找到真正的归属感。

> 非常孤独，怀疑自己是不是应该活在这个世界上。

类似这种想法，是一个人对于自己与他人之间是否存在关联这件事感到疑惑。不但和陌生人之间完全不了解，和熟人之间似乎也不怎么了解。

没有人关心自己。自己的存在是在给别人添麻烦。

会产生这种想法的人，往往经历过精神创伤，如遭受过父母的虐待或者在学校受到欺凌等。遭受他人虐待这件事，本身就隐含着“你不应存在于世”的信息。如果是遭受过性方面的虐待，可能会陷入“自己很脏，如果把这些经历说出去，只会为对方造成困扰”等特殊的心理状态。

但是，会有这种感觉，错并不在自己。首先，一个人产生“我不应该活在世上”的想法，是虐待行为受害者的一种“症状”。通常来说，人们是不会把他人的“你应该活着，你不应该活着”作为评判标准加以考虑的。

如果一个人遭受了虐待，这并不是自己的问题，而是施虐一方的人性问题。如果能够这样理解，一个人的自我接纳程度就会有所提升。

此外，“自我接纳”和“寻找自我”完全不是一回事。我们总能听到有人说“想要遇见真实的自己”“想要探寻自己的社会使命”，甚至为此花费了大把的时间。

这种“寻找自我”的行为，往往被评价为一种自我陶醉，实际上是自我否定的一种形式，与缺乏归属感之间存在着深刻的联系。

正是由于不接受现阶段的自己，所以才会认为“在其他什么地方可以找到真正属于自己的生存方式”。

当然，“自己真正的生存方式”确实存在于某处，但是人生是一个持续的过程，只有在此时此刻、每时每刻感受真实的自己，才有可能找到“自己真正的生存方式”。

想要找到“归属感”，首先必须能够“自我接纳”。但是“接受自己”这件事其实是非常困难的，很多人的想法是“这样的我不行”。关于这个话题，我们进入第2章的内容。

“寻找自我”与“自我接纳”看似相仿，实则不同。

COLUMN　自律型与社交型

如果不加入某个组织或者团体就会感到不安。

对于这个问题，有人深以为然，有人不以为意。

人可以分为两类：自律型和社交型。

并不存在哪一类人更加优秀的说法，这只是两种不同的类型。简单来说，前者喜欢依靠自己的努力一点一点取得进步，后者可以在与他人的关联之中感到幸福。当然，没必要非把自己放在其中一个分类里，明白这个分类本身就会有所帮助。

自律型人格的群体中，有不少人不擅长融入集体行动中，喜欢按照自己的节奏来完成事情。

而社交型人格的人，则可以在团队之中如鱼得水。所以，社交型的人一旦找到适合自己的团体，不妨积极投身其中并且充分发挥作用。

并不是所有的人在做事的时候都必须追求自律或者合作，思考一下自己属于哪个类型，或许可以更容易获得幸福。

“人际交往能力”“交流能力”等话题日益受到重视。但是无论什么时代，那些自律型的人都在踏踏实实地构建自己的世界。我认为这件事本身就十分有价值。

在社交型的人来看，自律型的人或许有些“冷淡”；而在自律型的人看来，社交型的人或许有些

“依赖性太强”。

所以，**如果判断自己属于自律型的人，也没必要对此感到羞耻，更不必认为不善于社交的自己很“糟糕”**，努力在自己感兴趣的领域一点一滴地取得进步吧。属于你的“归属感”，就在这点滴的努力之中。

如果判断自己属于社交型的人，请用心寻找适合自己的人或者团体吧。在那里应该有属于你的“归属感”。

一个人可以是自律型，也可以是社交型，无须给自己设限。认识到这一点，或许就能面向未来，不再受困于“归属感缺失”的局面。

第2章

打造归属感第一步

首先，决定自己的“生存方式”

归属感取决于你的生存方式

如果想真正解决“归属感缺失”的问题，就要涉及生存方式这个话题。听起来好像有点夸大其词，但是“如何生存”和“归属感”之间其实是存在莫大关联的。

如果一个人最基本的生存方式是从“外部”寻求某样东西，如“想要受到欢迎”“想要获得名声”，就很难摆脱缺乏归属感的状态，找到真正的自由。而如果一个人的生存方式是从“内在”出发，寻求“内心的平和”，那么归属感就会不约而至。

一个人无论身在何方，无论面对何人，只要能够实现“内心的平和”，那么总能找到属于自己的归属感，这个时候也是处于自我接纳、自我肯定的状态中的。就算有人对自己非常不友好，也不会认为“自己被排挤了”，而会认为“哎呀，这个人可能心情不好吧”。

不是向“外部”索取，而是向“内在”寻求对自己而言最重要的东西，这种思维方式是AH至关重要的核心理念。如同前言第4页所述，AH将“内心的平和”作为“唯一目标”，致力于探寻人们的心理状态。一切都不是为了别人，而是为了自己。（虽然与他人之间的关系也需要考虑，但这相当于“做加法”，而不是第一目标）。

这完全不同于一些宗教所宣称的“你不得怎样”或者“你必须如何”，而是你愿意选择内心平和的人生还是充满恐惧的人生。AH所做的，只是告诉你人生还有这样的选项。

那种“归属感缺失”的状态，毫无疑问也是内心失去平和的状态。

如果你感觉周围的人水平太差，那么这个世界在你看来也是低水准的，会产生“为什么他们连这种事情都不明白”的焦躁感；如果周围的人过于优秀，你又会觉得自己无论如何都无法跟上节奏，自然而然地，你总是感到生活很辛苦，总是感觉自己被困在原地。

想要从这种艰苦状态中解脱出来，首先就要决定自己的生存方式，简言之就是将“内心的平和”作为唯一目标。

当然这并不是说一个人不能再追求金钱上的富足，不能再为了提高个人能力做出努力。而是说你所做的一切都与外在条件毫无关系，只是为了追求心灵的轻松。不再纠结于“如何才能让自己看起来更英明睿智”，不再在意“别人到底是怎么看待我的”，把自己从这种“恐惧感”中彻底释放出来。

一个人的生存方式，决定他的“归属感”。

愤怒源于困惑

首先需要说明的一点是，一个人在感到困惑的时候，往往更容易感到愤怒。反过来说，被愤怒支配情绪的人，往往正处于困惑之中。设想一下，当你对“为什么会这样！”感到困惑的时候，往往随之而来的就是愤怒。如果对这种内心机制有所了解，由此带来的“冲击”也会弱化。

例　上司是一个很情绪化的人，明明是自己的问题，却总是怒气冲冲地说“都是你的错！”

面对这种情况，与其陷入“被上司骂了”“我果然不行”的消沉之中，或者把自己放在受害者的位置，认为“这明明是上司的问题却怪到我头上”，从而产生逆反心理，不妨单纯地把这种局面归结为这是上司受困于自己的无能而发出的悲鸣。

当然，上司发火的时候总是雷霆万钧，让人感觉很恐怖，每个人都恨不得自己能从现场消失。也就是说，当时那种“归属感缺失”的感受是非常强烈的。

但是如果能把问题归结为“这其实是上司的悲鸣”，或许就能做出一些平缓局面的举动，如大大方方地向上司说“对不起，我下次注意”。

我非常能够理解你当时多么想要对着上司说“这分明是你的问题吧”。但是，这个时候的“对不起”与其说是一种道歉，不如说是一种“体贴”。虽然自己并没有做错什么，但是对方的状态确实不好，都已经到了发出悲鸣的程度了。

“并不是上司要朝我发火，而是他本身正处于困境之中”，这种转换视角的方式有助于获得“内心的平和”。

所谓“归属感缺失”，与精神上的空虚和寂寞有关，而在精神上感到空虚和寂寞的人，是绝不可能获得“内心的平和”的。如果一个人找到了“内心的平和”，那么就不会再有归属感缺失的情况。此时此地，原本的我，这样就很好。

话说回来，无论什么场合都不存在“没有你就不行”的情况。如果你感觉纯属浪费时间，那么果断退出也未尝不可。如果以“内心的平和”作为考虑问题的核心，那么你的一切行动都是自由的，归属感会始终伴随着你。

如果能够只关注于自身“内心的平和”，“归属感”唾手可得。

相信人生来温暖，可以让你活得更轻松

这本书一切理论的大前提，是认可“人生来是温暖的”，也就是所谓的“性善说”。

人究竟是生来温暖，还是生来冷酷，这是一个难以得出结论的主题，因为双方观点都有着各自的论据。然而，如果一个人能够从一切恐惧中解脱出来，做到游刃有余，那么他必然不会总是用恶意去揣测他人，也不会认为自己有多么伟大（没必要特意去彰显自己的了不起，真正伟大的人往往是很谦虚的）。

我相信人生来是温暖的，而且那些相信“人性本善”的人，往往活得更加轻松。

我在各种各样的活动之中，都切身感受到了人是一种非常温暖的存在。这一点对于无论是健康还是身患疾病的人都是一样的。一些身患疾病的人虽然看起来可能精神欠佳，但是却比其他人都活得更加努力。

通过这种视角进行观察，可得到很多温暖人心的体验，也更容易通过转换视角认识到“愤怒的人其实是陷入困惑的人”，从而使自己活得更加轻松。

通常来说，我们在什么情况下会感到幸福呢？

被周围的人接受；获得别人的信赖；难过的时候，可以流泪；自己的生存方式能够被尊重。每当这种时候，我们的心底便会涌上一股温暖，这是任何事情都难以取代的，人生中最为幸福的时刻之一。而这些时刻，都证明我们的本质是温暖的。

而且可以肯定的是，持有这种信念的人往往生活得更加轻松。我一直相信这一点，并且认为这样的人更容易找到自己在人生中的角色。

当然，人各有不同。不同的经历，造就不同的个体。但是我通过治疗患者以及参加AH志愿活动的经验，意识到人与人之间绝对没有那么大的差异。表面上的不同展示着人们的多样性，告诉我们“每个人都有着各自的情况”。与此同时，无论什么人，都在通过自己力所能及的方式努力生活。

就算有些人的行为举止看上去好像很不适当，他们也都在用各自的方式为生活竭尽全力。如小时候遭受过虐待的人会有着很强的警戒心理，为了使自己不再受到伤害，他们有时甚至会在恐惧感的驱使下做出带有攻击性的行为。但这些都是一个人在努力生活的证明。

这种时候，没有必要将这种情况简单地概括为“这个人不合群”，应该认识到这其实说明他是在努力生活的，这一点非常重要。如果自己有过那些不好的体验，或许也会做出这种看起来“不合群”的行为。

然而一些集体是不接受人们的多样性的。这种集体寻求“形式上的关联”，与其他人不一致就会被认作“不合群”，并且受到排挤。如果你不幸身处这样的集体之中，不妨这样想——“这些人竟然不知道人是一种温暖而多样的存在，真是可怜”，从而帮助你保持“内心的平和”，不至于感到自己在这个集体中毫无容身之处。所谓保持自我、随遇而安，就是这样。

如果你一心想着“不要被排挤”而受困于这种“形式上的关联”，那种没有容身之处的感觉反而会更加强烈。你的感受，完全取决于你的选择。

那些制造“不合群”的集体，实际上不了解人心的温暖。

什么样的环境可以带来归属感

回到我们在开篇时聊到的话题，在一个以“摆脱‘归属感缺失’”为主题的研讨会上，大家普遍反映“今天并没有那种缺乏归属感的感觉”，这一点令我印象尤其深刻。

我相信，即使是同样以“缺乏归属感”作为主题的研讨活动，如果形式不同，一定会有人感到“这个地方同样不属于我”。

那种强调“形式上的关联”的研讨活动太多了。“和你旁边的人拥抱一下吧”“向你身边的人说出自己的烦恼吧”，类似这种形式只会造成一种非常粗暴的感觉，我不认为这会带来任何“归属感”（我自己也参加过类似的活动，结果只想赶紧回家）。这种活动只是提供了“形式上的关联”，却无法带来内心的满足。

“归属感”行动指南

关于我所说的那次研讨会，有一份行动指南值得大家注意，这可能是使大家都能找到“归属感”的关键。既然是一份指南，那么就并不等同于规则。如果有人没能遵守，也不会被活动排除在外或者受到批评。

所谓行动指南，实际上是一个努力的目标。在研讨会开始之初，大家一起读出行动指南的内容，确认要尽可能遵守，仅此而已。

这份行动指南是由AH制作的，有很多内容与本书聚焦的“归属感”问题十分契合，值得参考的部分会在后面加以介绍。这些部分中的每一点都十分重要（这份 AH 活动小组行动指南全文在本书的155~156页）。

能够给人归属感的，并不是特定的活动主题。

如何与喜欢搞“小团体”的女性相处

例　我上班的公司流行各种“女性小团体”，感觉自己无法融入其中。

说到“形式上的关联”这个话题，很多女性热衷的“小团体”就是典型之一。上面举的例子就是这种情况。

但是，加入小团体并不一定就是好事。很多女性是因为害怕被排挤，所以才加入小团体。如果被排除在小团体之外，都不知道大家在说自己什么，这种感觉很恐怖。

然而，一旦加入了这个互相抬轿的圈子，就相当于签下了“就算遇到自己完全不感兴趣的话题，我也会和你们一起嗨起来”的军令状。这种局面是万分被动的。有的时候，不自觉地就会加入背地里说别人坏话的行列。我自己是不会想过这样的人生的。

与其这样，不如专心过好自己的人生，对于搞小团体的女性，旁观就好，“不搞小团体就会感到不安，这些人也真可怜”。这种平和的心态，是对待小团体的最好方法。如果有想要脱离小团体的女性来找你商量，不妨把自己的想法告诉她。无论她是否听从你的意见，起码会对这件事情重新思考，或许你们还会由于共鸣而成为朋友。

不过就算对这些事情心知肚明，一个人独来独往也确实寂寞。面对这种情况，建议不要将这个小团体视为一个整体，而是用心观察其中的每一个人。虽然不见得和所有人都投缘，但是我想还是可以找到适合交往的对象的。与这些人建立一对一的关系，可以大幅度减少由于无法进入小团体造成的损失。与此同时，你的自由度也会大幅增加。

如果由于建立了这种一对一的关系而遭受到了来自小团体的恶意，那么这种小团体可以被判定为性质恶劣。讨好这种性质恶劣的小团体，可能会导致自己承受更大的恶意甚至欺凌，建议与之保持距离。

此外，交友的范围可以不局限于女性，尝试寻找一些男性友人也是一个不错的方法。

我大学时是学医的，同学中只有一成是女性，如果交际范围局限在这个圈子里面，生活就太不自由了。于是我增加了男性友人的数量，不但度过了很愉快的大学时光，直到现在我们的关系依然很好。

但是，如果与异性交往的方式不当，可能会被认为“就会向男人献殷勤”，反而招致非议。所以我当时给自己定下的规矩是“不在医学部的范围内找男朋友”。我需要伙伴，同时也不想破坏友情，所以自己发明出了这个方法。我觉得效果很不错。

如果被“小团体”所束缚，反而会失去归属感。

“归属感缺失”是一种主客颠倒

在参加某个集体活动的时候，或者在职场之中，当你感到没有归属感时，通常是因为认为自己“必须融入其中才行”，如果没有做到就苛责自己。然而，“归属感”和“自我接纳”之间是存在深刻关联的，如果认定自己“社交能力太差”并且自我指责，那么这种“归属感缺失”的感觉就会更加强烈。

就像前面说过很多次的，获得“归属感”不能依靠周围人的反馈，而是要以“内心的平和”作为中心来思考问题。

也就是说，不是问自己“适应了吗”，而是思考“自己的内心状态如何”，想要获得归属感，需要直面的是自己的内心。如果自己的内心是安定的，那么自然就有了归属感。

在很多场合，我们往往将关注点局限于认定自己是“没能尽到地主之谊的主办方”或者“无论去哪里都无法适应的宾客”。

但是无论如何，在现场的人是自己。只要自己的内心是安定的，无论外在形势如何，都可以说自己已经适应了这个环境。

如果能做到这一点，实际上也会为对方提供“归属感”。如我们会更加喜欢和某些人接触，因为“和这个人在一起感觉心里很踏实”“和这个人说话感觉沟通很容易”，其实就是这个原因。也就是说，自己的归属感需要靠自己来创造，而一旦自己的内心是安定的，这种感受也会传递给对方。详细的内容我们在第3章会继续说明。

自己的归属感，也会影响对方。

心理创伤会导致缺乏归属感

我们前面稍微提到过选择相信“性善说”还是“性恶说”的话题，这里再提供一些精神医学上的依据。信奉性恶说的人，也就是相信“人性本来就是自私的，一有机会就会扯别人的后腿”的人之所以会选择这种思考方式，往往是因为过去有过类似的体验。

这种体验有可能是虐待，有可能是欺凌，也有可能是父母只顾着自己，并不在意对孩子的照顾和培养。总之，是受过某种形式的心理创伤。

有过心理创伤的人，当然会对其他人抱有戒备心，对他人乃至对这个世界缺乏信赖。在这种情况下，其实这个人对自己也是缺乏信赖的。

“这完全是周围人的问题，和自己一点关系也没有”，没有人能够100%地采取这种思考方式。每个人在遇到严重问题的时候，都会反思自己是不是有哪些地方做得不对，只是程度有所差别而已。所以在人际交往中受伤时，有些人会认为是由于自己“和周围的人有哪里不一样”，由此就产生了格格不入的感觉。

无论对方说什么，如果能够坚持“人生在世，只有自己内心的平和才是最重要的”这一理念，就不会受到伤害。

那些想要伤害别人的人，往往本身是非常不幸的。如“为什么我的人生会变成这个样子”“为什么我明明有能力却得不到认可”“为什么只有我要受这种罪”等，正是由于人生不如意，他们才会迁怒于别人。

这种人时常处于一种不高兴的状态，总是很焦躁，习惯把责任推给别人。而真正安稳而幸福的人，能够接受别人原本的样子，不会随意出口伤人。

当今世界范围内，那些受到排挤的人可能正在威胁着其他人的安全。无论国内还是国外，带有报复社会性质的无差别杀人事件大都是其制造者因遭受排挤所酿成的悲剧。从世界范围来看，宗教问题也是带有排外性质的，由此而产生的暴力和反人类行为不断发生。类似这种情况都需要我们尽早加以重视，如果能够努力做到不排斥那些“与自己不同”的人，不剥夺那些人的尊严与他们所重视的一切，或许就能预防这种事情的发生。

总而言之，“只有自己内心的平和才是最重要的”，那么如何才能做到这一点？我们在下一章会详细说明。

带有攻击性的人，本身是不幸的。

如果能看到对方的心理创伤，就不会过分受其影响。

COLUMN　有些地方，离开更好

如前所述，在一个人感觉缺乏归属感的时候，通常是与自我接纳的程度有关，但是如果当你遇到了黑心企业或者遭到了严重的欺凌，那就另当别论。

愤怒，不安，这一切的感情，其实都是在告诉我们“当前的状况对自己而言意味着什么”。同样的，如果“归属感缺失”的感受非常强烈，很可能说明你所处的环境是不友好的，甚至是缺乏人性的。

如果感觉自己的尊严遭到了践踏，请选择离开那里，或者找人咨询。

在一个缺乏人性的环境下遭受伤害，并且选择接受这样的自己，这确实也是一种“自我接纳”。但是，如果一个人在尊严遭受践踏的时候依然能够保持平静，他很可能是在不断告诉自己“是你还不够努力”“是你做得还不够好”。

已经遭遇了很糟糕的事情，依然认为“我必须更加努力才行”，因此只能被一直困在原地。这种时候，请一定要将“内心的平和”作为目标，从这种“形式上的关联”中解脱出来。

而在私人关系中，也可能遇到自己无论如何尽力提供安全感，对方却由于此前所受的伤害（如家庭暴力）太重，一直无法敞开心扉的情况。这种时候，不妨认为“对方只是还没有做好准备”，同时也有必要保持一定的安全距离。

本书的最终目的是消除“归属感缺失”的状态。所谓“你必须坚持下去”的说法是完全错误的，归根结底是你的感受如何，而你唯一需要守护的东西是自己“内心的平和”。在这种心态之下，无论是自己还是对方，都能够获得安全感与归属感。

第3章

打造归属感第二步

为对方提供归属感

在归属感的问题上，给予就是获得

“感觉没有归属感”“想要得到归属感”，这些问题全都与自己的感受有关。然而就像我们前面所说的那样，如果总是想着“希望别人眼中的我是个合群的人”，那么就很难找到真正的归属感。此外，以一种完全被动的状态等待“归属感”降临也同样行不通。

实际上，想要获得“归属感”，一个有效的方法是向对方提供“归属感”。“和你在一起感觉很踏实”“和你在一起感觉很安心”“和你在一起感觉聊得来”，这些话中蕴含的“归属感”是显而易见的。而这些话无疑也会让你感到安心与踏实。

读到这里的人，或许会产生类似“我自己还处于缺乏归属感的状态，竟然还让我为其他人提供归属感……”的疑问，而且很多人认为自己原本就不擅长人际交往。

但是请不要担心。AH的原则是“给予就是获得”。这并不是简单的“给予”和“获得”的问题，也不是所谓的“种善因结善果”。这里所说的“给予”和“获得”是同步发生的，给予别人的同时，自己也在获得。

就好像一个人在吸烟的时候，周围的人也在吸二手烟，伤害自己和伤害别人其实是一回事。攻击别人的时候，自己也会受伤（伤害对方可能会获得一时的爽快，但是如果观察这个人“内心是否平和”的变化，会发现这种爽快只是一种幻觉）。

例　我对于政治问题很感兴趣，在讨论相关问题时充满自信，无论对方抛出什么观点，我都可以将他驳倒。但是，在热烈辩论的同时，自己的内心却很难说是“平和的”。心里想着不要因此产生隔阂，但是每次的火药味依然很重。虽然取得了辩论的胜利，却失去了归属感。

例子中的这种情况通常会被忽视。所谓“只要自己说的是对的，就可以心平气和”，其实是一种幻想。只有通过平和的方式表达自己的观点，才能够获得心态的平和。

在辩论的场合，无论如何都需要展示一定的攻击性，通过“但是”等方式反驳对方的观点。这个时候如果你用手摸一下胸口的位置，心跳一定是在加速的。

辩论的对手不同，面对的情况也不同，我们只是总结出一般的规律。缩小距离感的最佳手段，是充分倾听对方是出于什么样的原因得出现在这个结论的。

“能告诉我你为什么这么想吗？我特别想知道”，这种类似请教的说法或许有助于话题继续下去。对方也许是由于过去的失败经历导致防卫心理过强，也许是由于过去没有人重视他的想法，所以摆出一副怎样都无所谓的样子。

首先要认可对方“真实的样子”，同时提供一个安全的环境，这可以帮助自己和对方都处于安定的状态之中，感觉“真实的自己是被接纳的”“这个地方是属于我的”。这是尽快摆脱“归属感缺失”状态的一个好方法。

给予对方归属感，自己也会得到归属感。

感情用事，是因为喜欢对别人妄加评判

我们的“归属感缺失”，毫无疑问是源于自己对周围的判断。这种判断并不是客观的评价，而是完全主观的看法。

人们的判断功能，是为了衡量对方和自己的状况，从而为自己找到合适的位置。这其实是自我防御能力的一种。

“这个人好像认为我是个无聊的人”“这个场合好像不适合我”“这帮人为什么在说那么无聊的话题啊”“这个主办方为什么不能再稍微用点心？一点宾至如归的感觉都没有”，类似这样的“判断”是与一个人的归属感息息相关的。

“和这个人在一起好像可以放心聊天”“这个

人看起来有点吓人”，生活中，我们一边做出这种主观评价，一边调整自己的人际关系。因此，这种判断能力其实是我们安稳生活的一种必备技能。

然而重要的是，所谓判断，只是“当下的自己”做出的主观论断，绝不能等同于实际情况。对同一件事，不同的人会有不同的判断，就算是同一个人，在不同时期由于心情或者身体状况的差异，也会做出不一样的判断。

例 直属上司对我说：“你到底能不能胜任这份工作啊”“好歹也拿着薪水，再多用点心努点力好吧”，感觉自己已经不能继续在这里做下去了。

例 “我曾经对你满怀期待，但是你最近的工作让我很失望。我可是为你说过话的，多少考虑一下我的立场吧”，上司对我说这种话，我真的不知道该如何是好了。

这两个都是在不自觉间对别人妄加评判的例子（原本只不过是上司本人的主观评价，却说的好像是客观事实一样），并且将这种判断作为“事实”强加于对方（当然上司自己也信以为真），其中传递出来的信息通常是“你不能继续这样下去”。这种职场言论往往会产生类似职位下降或者考核降档的效果，使一个人产生“我可能已经不能继续在这里工作了”“这里已经没有我的容身之处了”的感觉。

这种将主观判断强加于人的做法，往往带有批判和粗暴的性质。

我们在研讨小组中进行过实验，请大家“基于善意”对别人的观点进行评判，然而很多时候对方依然认为这些评价是出于“一种批判的眼光”。哪怕我们已经限定了“基于善意”这个前提条件。

实际上，想要摆脱“归属感缺失”的状态，最为重要的一件事就是不再在意这些评价（缺乏归属感本身也是一种评价）。而想要做到这一点，关键是别人说的话“听过就算了”。

至于什么才是正确的“听话”方式，让我再说得详细一点。

把自己的判断强加于人，是导致归属感缺失的元凶。

对方说的话，只听不评价

我们在听一个人说话的时候，往往并不是只“听”而已。

在大部分时候，我们是在一边听一边思考。如在“归属感缺失”的时候，我们很可能一边听，一边做出了“我待在这里合适吗”的思考。再如，“大家可能都在纳闷我这种人为什么会在这里吧”“大家为什么聊这种事聊得这么开心啊”“完全听不懂大家在说什么，怎么办？我一会儿要说些什么才不会显得自己很蠢”“这个主办方太差劲了，下次别再叫我来了”等等。与谈话内容本身相比，这种思考的“音量”往往更大，“归属感缺乏”的感受也会更强。

这种时候，需要学会自己给自己“打岔”。所谓“打岔”，就是不要沉溺于这种思考之中，更不要对这些想法加以评价。只是把它放在一边。然后重新将注意力集中到现在正在说话的人身上。

我们常说的“善于倾听”，其实就是在倾听的过程中能够为对方提供“归属感”。尊重对方真实的样子，只听不评价，为对方提供“安全感”。所谓“安全感”，就是与真实的对方“共生”，而不是想着去改变。

在倾听的时候，要抱有一种“你也确实不容易啊”的心态，不要做出多余的评价。采用这种方式倾听，可以在为对方提供“归属感”的同时，也将自己从“归属感缺失”的状态中解放出来。

如果你在听对方讲话的同时，在心里对其内容加以评价，就会产生诸如“这种事情，说给我听合适吗”“我一会儿该做些什么评论才好啊，伤脑筋”“不好意思，我可没有你这么可怕的遭遇”之类的想法。

这类想法会增加你和对方的距离感，而对方和你说这些话，其实是希望能够得到你的认同的，这两者完全背道而驰。

所谓真正的倾听，只需要在听对方说话的时候做出一些温和的反应，如“是这么回事啊”，就足以拯救对方了。

究其原因，那些意见性很强的评论会产生一种鲜明的上下级关系，而那些不咸不淡的评论，则是一种平等而温和的表达方式。

别管自己是怎么想的，专心听对方说话。

有的时候，也需要解读对方的感情

如32页提到的那种被上司责骂的场合，肯定不能用“是这么回事啊”这种回应方式。

这种场合，首先需要解读的是“愤怒=困惑”。因为陷入困惑，所以需要用粗暴的语言来宣泄（悲鸣），如果采取这种观察方式，你的判断也会发生改变。

因此，先表示自己谦虚的态度。但是，没有必要真的去自我检讨。就像33页所说的，这种表态与其说是“道歉”，不如说是一种“体贴”，是你对一个从事上司工作并陷入困境的人，表达的一句问候。

面对这种陷入困境的上司，如果有什么可以让他略感安慰的事情，也不妨说一说。如表示我今后会努力改进的，这种表态多少会让上司感到安心。

如果你认为对方是个“职场暴力的上司”，那么自己也会受伤，而如果你认为对方是个“陷入困境的上司”，自己也会轻松很多。

把对方的愤怒，看作一种悲鸣。

温和的感情有助于创造归属感

对于对方所说的话，只听，不评价。说得更确切一点，是通过倾听这种方式，肯定对方的存在。

每个站在你面前的人，都是经历了各种各样的事情才走到现在的。我认为了解到这一点是很重要的一件事。如果对他所说的内容进行评价，这些事情可能“很无聊”，或者“很怪异”。但是，这个人能够走到今天，走到你面前（或者走到你所属的某个团队面前），努力地想要表达，这件事本身已经足够珍贵。

有趣的是，如果你能够做到只听，不评价，无论什么样的话题，你都能够从中找到兴趣，这是一种很奇妙的体验。

如果你对谈话的内容一一做出反应，不自觉地就会进行评价，不但自己会感到不快，也不利于创造“归属感”。

对于别人说的话，只听不评价，这种做法的效果是很显著的。面对一个带有挑衅和攻击意味的人，如果你能够保持原本的平稳心态来倾听，对方也会逐渐放松下来。因为这种发表挑衅和攻击言论的人，本来就处于一种自我防卫状态之中。如果你能够做到若无其事地倾听，对方会认为失去了全副武装的必要。

这也是试着自己打造归属感的第一步。

“那个人的业绩提升太快了，真厉害，比起来我就……”“为什么要说这么无聊的话题啊？”比起这种一边倾听一边思考的方式，如果能做到只是单纯地和对方共处，一定更容易感受到你们之间的“关联”。

如果对方在你面前夸夸其谈，比起吐槽，“总是吹牛真是太讨厌了”，不妨想一下“这种夸夸其谈其实是缺乏安全感的表现。或许这个人一直处在一种比较恶劣的环境之下，所以养成了这种习惯”，用一种比较温和的心态来面对吧。

这样的话，无论是说话的一方，还是倾听的一方，都可以找到自己的“归属感”。一个能够让所有人都保持真实状态的场合，就是一个有“归属感”的地方。

此外，像68~69页介绍的那样，如果遇到上司的“职场暴力”，也就是对方并没有为你提供归属感，这种时候不妨把对方视作一位“可怜的，陷入困境的上司”，不要让他的言行威胁到你的“归属感”。

善于倾听的诀窍，就是在倾听中尊重对方的存在。

不要试图改变别人

就像我们在第2章中说到的那样，一个可以提供“归属感”的环境，对于身心的治愈效果是十分显著的。

由此，我们可以知道，“归属感”带来治愈，因此努力消除“归属感缺失”，也是自我治愈的一种方式。如果能够将单纯追求“内心的平和”作为生活目标，那么无论是归属感还是治愈感，都唾手可得。

但是在现实生活中，我们却经常会感到不满，并因此提出一些希望对方做出改变的意见和建议。

这种做法基本相当于把“归属感”亲手抛弃。

人与人之所以相聚，并不是为了彼此评价，而是为了自我治愈。

何况，一个人不是说改变就能改变的。如果一个人做出了改变，只能是因为他自己做好了准备。有心想要做出改变的人，在具备了一定条件或者受到了某种冲击的情况下，改变自然就会发生。

把不符合自己价值观的人判定为“讨人厌”，或者因为别人的主观评价而判定自己是个“废柴”，想着“如果这个人能变成我希望的样子就好了”“如果我不是现在这样就好了”，这种态度实际上是不认可对方或者自己真实的样子。

这相当于自己把心门上锁。如果总是感觉“为什么会这样”，一个人在哪里都无法真正放松下来，那么这个地方无论是对于自己还是对于别人，都无法带来归属感。

所谓认可对方原本的样子，并不意味着对方

说什么你都要赞同，而是即使双方意见完全相左也没有关系，不会因此评价对方“讨人厌”或判定自己为“废柴”。因为无论是自己还是别人，价值观和思考问题的方法都反映着一个人成长至今的人生。

出生时的条件是怎样的，成长的环境是怎样的，身边的人有着怎样的价值观，人生中都经历了些什么，身体和心情状况如何？所有这些“过往”，都影响着一个人的“现在”，轻描淡写的一句“请你做出改变”根本无济于事。

无论是自己还是对方，如果对于改变这件事有心无力，那种无所适从的感觉就会产生，就像穿着一件尺寸不合适的衣服一样，浑身难受，这种不自在的感觉会让他认为自己无论做什么都不合时宜。

要想摆脱这种感觉，首先需要记住一点——不要试图改变别人。他是他，我是我，每个人都在努力生活，需要彼此尊重。

也就是说，大家都已经尽力了，现阶段很难做得更好，明白这一点是很重要的。

而且，很多事情都是需要一个“过程”的。与一个人长期交往过后，我们会发现对方的一些缺点，但是并不会想去改变什么，只是明白“他其实没有恶意”“他这个人就是花钱大手大脚”。这就说明人际交往也是有一个过程的。此外，无论是谁，其实都在尽力追求进步。

这个进步的速度是因人而异的。然而每个人一旦对自己感到不满，自然会产生“变成更优秀的人”“变得更有能力”“变得更加出色”等想法（通过众多的临床经验我感觉到，哪怕看起来只是嘴上说说或者只是意气用事，但本质上并没有差别）。

因此，无论是对别人还是对自己，无论目前的状态如何，如果认识到“一切都需要一个过程”，就能够在自己确信的道路上继续走下去。

人只有做好准备，才能开始改变。

自己没有“归属感”，对方也会失去“归属感”

进一步来说，如果一个人自己能够找到“归属感”，那么对方也会感到“归属感”。

人的软弱程度是超出预料的，就算可以很清楚地说出自己的主张，也总是会感到不安，纠结于大家如何看待自己，自己的观点是不是会被接受。如果自己的观点被全盘接受，自己就会找到“归属感”。

在人数众多的场合（如在聚会或者在办公场所），并不容易分清“彼此”，但是如果一个人能够创造出“归属感”，那么其他人就会很自然地向他靠近。

“和那个人聊天很轻松”“那个人给人感觉很

好”“那个人好像很温和”，能让人产生这种感觉的人，往往人缘很好。当然这种“人缘”并不是要表现得非常招摇，而是说这种对别人有吸引力的人，往往是可以为对方提供“归属感”的人。这个人本身，也不会受到“归属感缺失”这一问题的困扰。

也有一些人，虽然在别人眼中是“很好说话的”，但自己并不乐在其中，其实自己心里已经对于对方说的话感到十分烦躁，但是想着“必须表现出风度”，所以勉力维持。这种时候，建议将“内心的平和”作为唯一目标，让自己放松下来，不要在乎别人眼中的“很好说话”。

例　我是一名30多岁的女性，与丈夫、孩子以及公公婆婆生活在一起。比起自己，孩子好像和奶奶更加亲近。我感觉自己在这个家里没有意义，亲情也没有意义。

分析这个例子，不妨从孩子的角度来看一下。

在这种三代同住的环境中，其实很多孩子对于“归属感”问题是心存烦恼的，特别是在面对婆媳问题的时候。“自己要怎么做，奶奶和妈妈之间的关系才能好一点？”“自己要怎么做，奶奶才能对妈妈好一点？”类似这样的烦恼是很多的，并且孩子会尝试自己的解决方式（如倾听抱怨）。这其实是因为家庭没有给孩子足够安全的“归属感”。

如果妈妈认为“自己在这个家里没有意义，亲情也没有意义”，这是没有办法让孩子感到安心的。孩子也会对自己的一举一动产生强烈的罪恶感。

放任现状的风险在于，孩子可能会感到自己被母亲放弃了。

如果面对这种情况，不妨好好地向孩子传达自己作为母亲的心情，“我知道你和奶奶非常亲近，这样很好，但是你遇到任何问题都可以和妈妈说啊。如果是一些不方便和奶奶说的话，也可以和妈妈说的。”

千万不要问类似“妈妈和奶奶你更喜欢谁？”这种问题，或者在孩子提出某种请求的时候说“这种事情去找你奶奶好了”，这会让孩子感觉母亲不管自己了。

把孩子从婆媳问题中解决出来的方法，就是不要产生婆媳问题。在孩子眼中的奶奶（很疼爱自己，需要照顾，会更早离开人世）和妈妈（很疼爱自己，但有时也很严厉，偶尔反抗一下也没关系，还很年轻，会比奶奶活得更长）是完全不同的存在，不把两者进行比较会比较好。

思考自己存在的意义，就是在对自我价值进行评价，因此感到“归属感缺失”也就不奇怪了。

无论对于什么样的孩子，父母都是特别的存在。如果能够无条件地相信自己，相信孩子，就能够获得内心的平和，也就找到了“归属感”。

如果自己的内心平和，自然会感到“那个人很好说话，那个人给人感觉不错”。

不评价，也不在意别人的评价

本章前面已经讲过，在人际交往中需要控制情绪，不要随意对别人进行主观评价。

然而现实中由于承受了别人的评价而导致自己失去归属感的情况也不少见。“你不应该在这里”，类似这样的评价有时候并不一定要说出口，通过一些非语言的方式也可以将我们排斥在外。

拿我自己来举例子吧。我原本是东京人，却以“空降候选人”的身份，成为枥木县（位于日本本州岛中部）推选的众议院选举立补候选人，担任了两届共计5年的众议院议员。

作为一个外来人，挑战这片80年来都被某一家族支配的土地，很多人和我说“如果是男人的话可能反而没有这种勇气”（我觉得当时大家对我本来也没抱什么希望），结果顺利当选，做了很多我一直想做的事情。

人生地不熟的我，完全是个“空降候选人”。我宣传自己“曾经就职于庆应医院（或许有人会觉得在东京工作挺了不起吧）”，但是这在当地人看来只是“你毕竟不在本地工作”。

因此别人对我的判断是“外人始终是靠不住的”。最初，我拿出了宪法中关于“国会议员是全国民众的代表”这一条款，并以“无论从哪里推选成为立补候选人都是一种自由，你们连这个都不知道吗？”作为自卫反击，我当时心中真的是十分恼火。

但是某一天，我突然意识到所谓“你们连这个都不知道吗”，其实就是在对别人妄加评判。一个完全没有任何背景的东京人，突然站出来说“请让我来代表你们”，大家肯定会感到困惑吧，肯定不可能说“好的，我就选你了”。

意识到这一点后，我在栃木县生活的6年期间，不再对别人妄加评判，获得了众多来自草根阶层的支持，通过长达8个月的选举活动，在一个“保守力量很强势的地盘上”赢得了小选区的胜利。在竞选手法上，我采用了之前一直很嫌弃的“上门推销法”（我认为选举应该遵守政策法规）。

每个人面对陌生人都会感到不安，因此我想要尽可能近距离地接触大家，使大家更加了解自己。

于是我一家一户地访问，并且参加了很多重大活动，主动拜访各种人士。在当选之后，我的名声逐渐大了起来，成为当地人的骄傲。在担任议员后，我也基本坚持每天在国会和自己的选区之间往返，盂兰盆节（又称“中元节”，是日本除元旦外最大的节日）时会坐在庆典轿子上，捣年糕的手艺也越来越好了。

就这样，我和当地人的关系变得十分亲近。虽然我栃木口音中最后的那个尾音还是不能发得很到位，但是栃木方言已经说得很好。

现在我已经不再担任议员，但是去宇都宫演讲的时候还会有人为我送来各种慰问品，孩子（特别是在栃木出生的老二）过生日的时候还会有人送来水果。

经过这一系列活动的经验，我意识到越是“保守”的人，或许越是不安。

不过这也是他们真实的样子。不要下判断说“这人是个保守派”，而要充分理解对方的担心，充分尊重对方所重视的事情，然后和平共处。在栃木县的那段时间我学到了很多东西，真的由衷感谢大家。

如果我一直坚持当初“只是纠结于我是哪里人，你们简直无知”那种判断方式，眼前的世界就不会变得如此开阔。如果感到没有归属感，首先看一下自己是否做出了草率的评判。我认为这是一种非常有效的方法。

不妄加评价，你会拥有更多可能性。

不做“归属感”的索取者，而要做一个提供者

所谓“没有归属感”，更准确的说法是“对方没有给我归属感”。也就是说，自己处于一种被动状态。这无论如何都是一种无力的状态，一切感受都取决于对方。这种时候要怎么做才能变被动为主动，成为一个归属感的“提供者”呢？

“归属感缺失”与“无力感”是非常接近的。

我认为，越是感到“归属感缺失”的时候，越是要使自己成为一个“可以提供归属感的人”。认真倾听对方的存在，了解对方的想法，使对方感到安心与踏实。与此同时，自己的精神状态也会是稳定的。

那种一边倾听一边评价的方式是无法取得这种

效果的。“这个人为什么老是这样啊？”“明明不这样做会更好”，如果在倾听的同时进行这种思考活动，就无法体会对方的想法，而且对方也会感到你对他的否定，从而陷入“归属感缺失”的状态。

就像前面所说的，“你给予多少，就获得多少”，想清楚这一点是十分重要的。就像自己排出有害的气体，那么同时自己也会吸入，如果你对别人做出那种否定其人格的评判，自己也会承受同样的结果。

因此，为别人提供“归属感”，其实就是为自己寻求“归属感”。

如果自己成为被评判的一方，那么当然也会导致类似“归属感缺失”的情况。

此外，要相信自己是温暖的，无论何时都要重视“内心的平和”，确认自己的心是安定的。那么在人际关系之中，自己的归属感逐渐也会影响到周围的人。

自然而然的，我们就会从“归属感缺失”的状态之中解脱出来。

例　无论是去好学校，还是去差学校，总觉得没有自己的容身之处。

当今社会将学习成绩作为评判学生的唯一标准，会有这种问题也就不奇怪了。“我应该还能做得更好”“我可能不是那块料”，这种想法显然会使一个人无法融入周围，造成归属感缺失。

这种问题的本质，其实还是与个人评价有关。

这种评价标准，就是用成绩作为衡量自己和他人的唯一标准。这种评价取向会使一个人失去内心的平和，进而失去归属感。

成绩只是反映情况的标准之一。如果不纠结于这个评价标准，世界其实是充满多样性的。

成绩好的人，不一定就幸福，如可能家庭关系并不和谐。而且一直保持成绩优异其实是有很大压力的。

也有很多人成绩并不好，但是为人善良，生活幸福。

评价一个人优秀与否，并不是只有一个标准。每个人的条件不同，但是大家都在努力生活，这一点无论对谁来说都是一样的。

了解人们的多样性，是一笔巨大的财富。人生的道路会因此变得宽广，一个人的自我治愈能力也会加强。

了解人们的多样性，才能获得“归属感”。

在职场中失去“归属感”的时刻

现在让我们返回到第7页说过的那个例子。有新人进入公司，使自己感觉到地位受到威胁，对于这种情况，本章将介绍一些有针对性的解决方法。具体说来，就是当自己感到缺少“归属感”的时候，要为对方创造“归属感”。

如果认为新人威胁到了自己的“安全感”，那么更要试着为对方提供“安全感”。

对于那些刚进入一个全新职场打拼的后辈，不要妄加评论，而要接受他们的存在。让自己成为一个“可以说知心话的前辈”，在这样的关系中，自己是不是也就能够找到归属感了呢？

当然，有些后辈年少轻狂，可能想当然地把

你当成一个“人还不错，但是工作能力不行”的前辈。但是这种人，一定会碰壁的。在他遭遇挫折的时候，自己也许就成了他唯一可以商量的对象。如果为这种情况做好思想准备，那么就不会出现缺乏归属感的情况了。

社会人对于后辈的这种年少轻狂通常是看不惯的。但是如果能够更加包容一点，“算了，他还年轻嘛”，那么公司的氛围也会发生变化。

此外，面对上司提出的各种要求，不妨也用平和的心态来接受，“人家是上司嘛，没办法”。

这绝不是说上司提出什么要求，你就要满足他的标准，而是说要看开一点，上司也有上司的立场，肯定会提各种要求的。如果能用这样的心态来对待，就不会有归属感缺失的问题了。

例 大家都看起来很忙的样子，我却不知道自己应该做什么。

这是非常典型的没有归属感的例子。有这种感觉的人具有强烈的疏离感，明显的无力感，就算跟在别人后面想要帮把手，都会被人嫌弃碍事。而如果什么都不做，又很可能被认为是个“没有用的人”。

然而这种局面的出现，真的是因为自己“没有用”吗？

答案是否定的。无论是公司还是某个组织，如果出现了这种冗员的情况，毫无疑问是因为管理者分配任务不合理。

“我不被周围的人需要，这里没有我的立足之处”，这种思考方式无疑会使自己受伤，正确的想法是“上司没能很好地分配工作”，不妨主动向上司说“我现在有空，如果有什么需求可以随时告诉我”，剩下的就是上司的责任了，他应该把工作分配得更加合理。

为什么推荐这种思考方式？因为这种情景通常

是职场暴力的前奏。大家说的话题是自己完全不了解的，就算自己表达了参与的意愿，也没有人向自己说明。这已经可以被称为一种职场暴力了。

所以，出现这种情况时，首先要明确责任，然后要做好自己的事情。

例　我被贴上了“废物员工”“没用的家伙”的标签，无法融入公司。我为这样的自己感到羞耻。就算我去和同事搭话，大家的反应也明显说明我是个多余的人。

被贴上“废物”和“没用”的标签，有什么正当的理由吗？如果有的话，先自我反省并且思考一下改善方法，然后去和上司谈谈。

“前几天的事情是我没有做好，对不起，我今后是这样打算的……”用这种有干劲的方式提出申请，我想上司是不会对你恶言恶语的。

对已经犯下的错误，当然要诚恳地表示歉意。

但是如果不清楚其中的理由，最好还是试着向上司询问一下。因为所谓职场暴力，很多时候受害方并没有做错任何事情，只是因为有些笨拙或者性格内向就被当成了替罪羊。这应该是由上司来认真对待的问题。

要找到归属感，先要明确责任。

专注于眼前，消除“归属感缺失”

由于缺乏归属感而感到焦躁，有时与在工作中的表现有关。像前面所举的那个例子，诚恳地听上司的话，把自己该做的事情尽力做好，不要为其他事情浪费精力，专注于眼前的工作。当一个人专注于眼前的事情，往往可以发挥出最大的能量。

“这里没有我的位置……”“上司好像并不欣赏我……”如果总是将注意力浪费在这些问题上，就无法发挥自己应有的实力。

专注于眼前，对于获得归属感十分重要。大家可能也有类似的体会，当你集中精力做某件事的时候，是肯定不会纠结自己有没有归属感这个问题的。

当你集中精力于某件事的时候，“我”就已经消失了，自然就不会再考虑“我在这里合不合适”“这里有没有我的一席之地”之类的与“归属感”有关的问题。

之前介绍过的倾听方式，是一种帮助你专注于眼前的有效手段。当然还有其他的一些方法（如为聚会的组织者提供帮助，照顾参加聚会的客人等），但其实都是类似的，如果你眼前有事可做，就不会有归属感缺失的烦恼了。

也就是说，“当下”与“归属感”之间存在着深刻的联系。

无论是在工作中还是在日常休闲中，如果能够专注于眼前的事情，就可以消除“归属感缺失”。

如果感到归属感缺失，试着找点事情做吧。

给予，并不等同于自我牺牲

读到这里的朋友，有可能认为既然“给予”是一件好事，那么就干脆选择牺牲自己成全别人吧。为此我在这里再多说两句。

一些人可能将“给予”等同于不顾一切牺牲自己，但是这与本书的“唯一目标”，也就是追求内心的平和之间是存在差异的。

违背意愿的自我牺牲，会使我们产生被害者意识，感觉自己是“被迫的”。认为“我都已经付出这么大的努力了却依然无法融入大家”，从而失去归属感。

“给予”和“自我牺牲”似乎有些相似，但其实是180度相反的两件事。

不要不顾一切地牺牲自己。

在保持内心平和的前提下给予对方归属感。

在敞开心扉的时候要有所考量

有些人认为，想要和周围的人打成一片，自己说的话就必须能引起大家的兴趣。但是，所谓“敞开心扉”，并不等同于“坦白一切”。说些什么，取决于自己想要对方了解些什么。在自己与对方的关系之中，没必要传递那些不需要对方知道的信息（当然，随着双方关系的加深，透露的信息也会增加）。

对于自己的私生活，切记不要和盘托出，特别是在双方交情还比较浅，还没有什么安全感的时候，有时说得太过甚至会带来危险。

如果对方的嘴不严会很麻烦，要是再加上一些主观评价，情况就会更糟糕。

一般地，自我开放的程度与归属感强弱之间的关系是成正比的。但这并不是要你不顾一切地展示自我，只是说如果你选择比较低程度的自我开放方式，那么归属感偏低也是没有办法的事情，了解就好了。如果认为自己没有办法融入周围，不妨想一下“这也没办法，因为我在人际交往的时候还是比较戒备的”，这样就比较好接受了。最重要的事情，是自身的安全。

比较理想的情况是，一点一点地，较为温和地，在值得信赖的氛围内逐渐展示更多的自我。当然也要好好地选择交往对象，确认对方是一个安全的人。这样不但自己可以安心，对方也会有归属感。这些道理我在前面也已经说过了。

安全地展示自我，归属感随之增强。

有没有共同点，并不是那么重要

自我展示可以增进人与人之间的关联，如患有酒精依赖症的人，平时说话可能经常感到紧张，但是在此类患者的互助小组里面，大家都能够互相理解，因为“我也一样”。因此，这种互助小组是能够带来“归属感”的典型案例。

然而，有共同的话题其实并不是一个必须条件，有时甚至是不利条件。即使同样是酒精依赖症患者，但大家患病的原因各不相同，治疗的方法可能也不一样。

“这个人和我一样”的心情如果过于强烈，可能会把自己与对方混淆，这样反而陷入自己的世界，看不清对方的诉求。我们需要用心倾听的，是此时此刻的对方。因此最好能尽量放弃“和我一样”这种思考方式。

只有这样，我们才能看清每个人的现状以及他们为此付出的努力，无论自己还是对方，也才能有“归属感”。

不要过于沉溺于寻找对方与自己的共同点。

为看不见的对象提供“归属感”，自己也会感到安心

有些人或许会认为，为别人提供“归属感”，归根结底还是为了构建人际关系。

但是我认为，向“看不见的对象”提供“归属感”同样十分重要。如在超市的收银台上经常会有爱心捐款箱，我们身边有很多公益团体，还有一些经济欠发达地区的孩子需要帮助。

在强烈感到自己没有归属感的时候，只需要稍微捐出一点钱，心理状态就能得到显著改善。就像前面说过的，类似“我这个人什么都做不好”“我这种人没有什么存在价值”的心情，与“归属感缺失”之间是存在深刻关联的。而如果能够为别人提供一些帮助，那么自己也会感到安心。

因此，像小额的捐款，或者为遇到困难的人提供帮助，这种“给予”行为会使你的情绪得到完全的转变。如果能够向这个世界上陷入贫困的人提供一点帮助，也会感到自己在这个世界上存在的价值。

如果你在聚会一类的场所看到有人好像非常孤单，稍微和对方搭上两句话，这也是一种“给予”行为。对方的内心感受与“没有人搭理我”的时候相比，肯定会呈现出180度的改变。

但是，同样是搭话，由于每个人的情况有所不同，有时对方可能不会给你很好的反应。自己好意上前搭话，却遭到冷遇，这种时候不妨想一下，“算了，可能是他遇到了什么不开心的事情吧”。这不是自己的问题，而是对方的问题。

例　我没有孩子。一想到自己死后什么也没有留下，就觉得好孤单。

类似这种想法，可能在遇到某些严重冲击之后会变得尤其强烈。关于遭受冲击的问题，我们之前已经说过了，如看到别人很开心地聊与孩子有关的话题，看到一家人其乐融融的样子，这种场景造成的冲击会导致强烈的孤独感。

这种由于冲击而导致的感慨，通常是会随着日常生活的继续而逐渐淡化的。

对于例子中的这种情况，建议可以考虑援助一些失去父母的孤儿。虽然没有血缘关系，但是善意是可以传达的。如果能够“为下一代人做出一些贡献”，或许能够改善那种认为自己与这个世界缺乏关联的心态。

这种思考方式，与“给人归属，自有归属”的逻辑是一致的。“不期待反馈，只是给予”，这种心态与“归属感”之间存在莫大的关联。

不止局限于孩子这个话题，任何时候感觉自

己的存在似乎没有意义，都可以选择为一些“看不见的对象”提供帮助，自己也会从中汲取温暖与力量。当然，如果遇到路边有卖唱歌手在表演，对于这些“看得见的对象”也可以给一些小费，同样可以在一定程度上修复自己的心情。

不求回报的给予，会带来“归属感”。

COLUMN　对于提供建议必须十分谨慎

人际关系之中离不开提供建议这个环节。特别是当对方向你敞开心扉的时候，你会认为“我必须要给出一些有用的建议才行”。如果对方是个你不太喜欢的人，有时只需要附和对方，给出类似“那样做不是挺好吗”的意见。

但是，提建议不是一件简单事。无论是提出建议，还是表达自己的观点，对方都可能因此放弃此前一直在坚持的道路。

所谓建议，通常的含义是“你之前的做法不太好，不妨试试这样？”也就是含有否定现状的意味。

被否定的一方会被激发出一种防卫本能。或者说，否定本身就会造成伤害。

有时会出现“那个人会否定我，我不想再和他说话了”的情况。这显然不是为对方提供“归属感”的方式，也无法消除自己的“归属感缺失”状态。

就算对方觉得你“说得对”，但有时也会导致你们的关系渐渐疏远，或者会让对方感到你们之间是存在距离的。所以，就算你想要说些什么，还是有必要加以忍耐的。也就是说，就像不要妄加评判一样，也不要轻易给出建议。只有忍住给出建议的冲动，才能以一种尊重的心态看待对方的努力。

对于一个与自己有着完全不同价值观和生活

经历的人，很容易产生“这样做不对”“这样很奇怪”的念头。这属于一种很严厉的评判。但是，**如果能够想到“每个人走过的道路都是不一样的”，然后平静地来面对，心态也会由否定变成“你真的很努力”“你真的很不容易”**。

人在本质上是一种向前进的生物。当一个人不想前进的时候，很可能是认为周围环境存在“危险”或者“否定”的因素。

因此，不要给出多余的建议或者评价，以一种尊重的心态倾听对方的话，这样对方也可以继续前进。

对于那些在谈话之初就说自己“真的不知道

该怎么办”的人，也要无条件地、温和地倾听他的话，体会他的心情，“这样啊，你这样做挺好的”“我知道了，不要担心”。

一些人会在谈话之初就表明“我需要一些建议”，但其实在一个安全的环境下聊天，很多时候他们都是可以自己找到解决方案的。由于放下了自我防备，人们可以真正地集中精力思考问题。

想要解决“归属感缺失”的问题，首先要相信人们的能力，这是非常必要的一点。

第4章

打造归属感第三步

找到适合自己的“角色”

要有明确的“目的意识”

在这一章的开头，我想再说一些自己的亲身经历。

我虽然是一个精神科的医生，但是从学生时代就对汉方医学（中医）很感兴趣，还作为“中日医学生交流协会”的成员访问过中国。虽然中国的汉方与日本的汉方存在不少差别，但我还是学到了很多东西。

我当时就立志成为一名汉方医生，在做研修医的时候，我曾在此类研究所进行过研修，此后也拜访名师继续学习。直到今天我也非常喜欢汉方医学，不但为患者开处方时会使用，自己和家人也经常服用汉方药物。能够学习汉方医学真是一件幸事。

作为精神科医生，我在兼顾日常工作的同时，利用每周一天的研究日，到别处的汉方研究所去进修。这绝不是一件轻松的事情，甚至可以说我成了一个异类。研究所的其他人都是专职人员，没有像我这样每周只来一天的。虽然周围有年龄和我差不多的人，但他们都是从学生时代就详细学习了与汉方相关的知识，对于人体穴位的名字全部如数家珍，真的非常优秀。我的知识水平完全不能和他们相提并论。而比我年长的前辈已经是专业的汉方医生，从医经验和知识水平就更加丰富了。

在最初接受培训的时候，我觉得自己实在是个“门外汉”（当然这个判断多少有些主观）。没有谁能帮助我，除了在所长门诊的时候能够在一旁见习，其余都要靠自己努力。在办公室聊天的时候，我经常听不懂大家说的话题，也没有人在意一头雾水的我。

我当时的“归属感缺失”情绪当然是非常强烈的。上午的门诊见习结束之后，真的不知道如何打发这一天的时间，对此，我非常苦恼。

此外，我的耳朵还飘进了一些闲话。有人说我拿到行医执照之后在海外混迹了一年，还有人说我“就是个游手好闲的医生”。在那些付出很多努力和牺牲才获得今日地位的人眼里，我完全成了一个个混日子的人。

我很苦恼，不知道该怎么办。每周一天的研修日成了我的郁闷日，“在精神科医院的本职工作那么愉快，为什么非要去做什么汉方研修啊”，我不止一次这样想过。

但是一段时间之后，我重新振作起来了。既然没有人教，我就自己学。

既然已经决定要在这个研究所进行一年的研

修，那么就看我这一年的时间能够学到多少知识和经验了。

一旦确定了这个目标，我“归属感缺失”的症状就得到了大幅改善。我又不是要和办公室的各位共度一生，更不是要和他们结婚。我是为了学习汉方医学才来到这里的。

我的世界并不是以汉方领域的“学术成果”为中心的，只是希望能够在从事精神医学的同时灵活使用汉方，这样一想我的内心就平静下来了。我明确了自己的目标，成了图书馆的常客，在那里接触到了很多宝贵的文献。

明确自己的目标，就能不再纠结于“归属感”的问题。

学会“偷懒”，提高自我肯定程度

肯定有人比我还要努力学习，因此比我更加知识丰富，但是我认为也没必要因此就觉得自己低人一等。甚至学会一定程度的“偷懒”也是有必要的。

看到那些比自己知识丰富的人，我知道“这都是因为他努力的结果”，同时鞭策自己也把基础知识记得更牢一些。至于那些很艰深的知识，也许以后会用得到，但是目前还没有学习的必要。

由于“低人一等”的感觉与“归属感缺失”之间存在很强的关联，这种认识上的转换是十分必要的。

对于英语等其他学科也是一样，我认为尽可能掌握一些简单的会话技能是有必要的（我的英语水平挺好，在美国生活也不是很费劲，但是词汇量并不太大）。所以对于汉方也是一样，尽可能掌握并使用一些简单的处方就可以了。

因此在1年的研修时间过后，我是满怀着“完成研修”的满足感离开的。后来有研修所的老师到我所在的大学担任客座教授，我们进行了几乎是“一对一”的教学交流，我对于汉方再也没有门外汉的感觉了。

我完全不认为自己是个内心强大的人，相反，我很软弱。但是，只要有了明确的目的意识，对其他的事情就会感到怎样都无所谓了，我认为将这种想法推广到其他问题上也是适用的。

或许有人会不赞同我的观点，认为这是因为我每周只有一天的时间需要忍耐，毕竟本职工作是很顺利的，有了精神科医生这个正式的职业，每周一次的研修无论如何也能受得了。这当然也是原因之一。

但是，一开始的“归属感缺失”真的非常严重。这种困扰让我产生了“明明相关知识如此缺乏，还到日本第一的研究所接受研修，你到底怎么想的？”“我为什么做不到像别人那样努力？”“我真是太没用了”等一系列想法，而且逐渐升级。我作为一名精神科的医生，之前从未有过这种感觉，这是一种似乎能够压倒一切的屈辱感。

我从这一经历中得出的经验就是，“要有明确的目的意识，果断舍弃除此之外的因素，生活才能保持平衡感”。如果我每天下班回家后将所有的时间用来学习汉方，应该也是做得到的。但是我认为这样迟早会耗尽自己的热情，甚至会让自己变得厌恶汉方。

对一些事情有所欠缺是有原因的。接受现状，是做出努力的第一步。

“目的意识”带来“归属感”

目的意识，可以在很多场合发挥作用。

例 同学会非常热闹，但是自己不是现场的焦点，感觉很孤独。

在人群聚集的场所，不知道什么时候会发生什么事情，这是一个难以掌控的领域。

谁会成为调动现场气氛的主角，是由当时的情况决定的。我自己是个喜欢说话的人，但是也会遇到类似的情况，“那边突然热闹起来了，不知道是在聊什么呢”，难以掩饰自己的关心和好奇。

“自己不是现场的焦点，感觉很孤独”，这个问题的根源还是目的意识。自己为什么会在这里，成为这个场合的焦点人物是我来这里的首要目的吗？

我认为答案是否定的。就拿同学会来举例，重温与老朋友之间的感情才是首要目的。如果自己并不是当天的焦点，不妨和那些同样不处于喧哗之中的同学聊聊天，谈谈近况。如果对方是个内向的人，这就是非常宝贵的、给予对方“归属感”的行为。

在学生时代，能够调动气氛的人往往能够成为“明星”。一些性格活泼或者充满活力的人往往很受欢迎。但是既然已经进入了社会，就必须以各种不同的形态出席各种场合。

在有限的时间内，以获得“内心的平和”作为目标，并以此来决定自己的表现方式吧。

认真考虑参加聚会的目的，这是创造“归属感”的方式。

找准“角色”帮助你更好地与人交往

和“找到明确的目的”类似，找准自己的“角色”也是拯救我们的法宝。

假如你是某次聚会活动的组织者，那么多半是不会感到“归属感缺失”的，这是由于你的角色是“组织者”，要做的事情有很多。

组织者要负责召集、点菜、结账等工作，通常是很忙的。而作为组织者的一大好处是，自然而然地会成为大家瞩目的中心。如果没办法专心投入聚会活动之中，会被公认为“这是没有办法的事情”，如果没办法和大家愉快地聊天，也会被认为“这是由于组织者很忙”。这或许反而是一种轻松。另外，作为组织者的存在感又是实实在在的。

在社交活动中，不少人感到最难的部分其实是“闲谈”“聊天”。如何选择话题，如何展开讨论，自己在其中是负有责任的。

对于那些不擅长人际交往的人，我往往建议“先找准自己的角色”。如果你和邻居们交流很困难，那么不妨参加一些社区志愿活动，明确自己“应该做的事”。与生活中的人际交往相比，职场上的人际关系反而轻松，有这种体验的人不在少数。我身边的一些医生也一样，穿上白大褂的时候十分健谈，脱掉白大褂就患上了人际交往恐惧症。

这些都说明一旦明确了自己的“角色”，人际交往就会变得简单。如果善用这个方法，在无法明确自身“角色”的场合，首先要做的就是确定“角色”，然后在角色范围内采取行动。

在参加聚会的时候，如果你认为自己的角色是“营销员”，那么就先为大家递上名片。如果你认为自己的角色是营造成良好的氛围，那么只要保持温和稳重的微笑就可以了。

我认为做到这样就足够了。如果出席活动只是“为了给组织者一个面子”，那么在现场选择做一朵“壁花”我认为也可以。和组织者打了招呼，然后在适当的时候离开，这完全没问题。如果非要认为在聚会上必须开心，必须在社交上表现得游刃有余，这反而容易造成“归属感缺失”。

这种时候我认为要抛弃“常识”，遵从自己内心的真实目的，这对于消除“归属感缺失”卓有成效。

找到自己的角色，使你在人际交往中变得轻松。

全新环境带来的“归属感缺失”

就在与开展汉方研修的差不多同一年，我还到大学之外的另外一家精神病医院开始正常上班，一开始同样感到了“归属感缺失”。

在同一个病区工作的男性前辈，对于病房的一切情况都很熟悉，和护士以及调查员的关系也都很好。刚接触这一切的我感觉找不到“归属感”简直是太正常了。

最开始的一段时间确实很黯然，然后我意识到“我是为了学习，为了治疗患者才来到这里的，并不是为了搞好人际关系”，然后我开始将精力集中在各项工作上。一段时间后，我不但获得了患者的信赖，与护士和调查员的关系也变得很好，直到现在我们还在过年的时候互寄贺卡。

在这个过程中我体会到，进入到新的环境之中，如果感到周围的人“很冷淡”，那是因为对方也在观察。因为不知道你是什么样的人，所以不知道应该如何交往。这其实对于任何人都是一样的。

新结识的人对待你的态度并不是“冷淡”，只是在观察。

一切事情都需要一个过程

人与人之间的了解也需要一个过程，我们在第76页提到过相关内容。一开始你觉得一个人“不怎么样”，但是你需要更多的时间才能看到对方的更多侧面。

而当你失去了一个很重要的人，最初可能会认为“人生已经一片绝望”，但是在周围人的支持下，渐渐地你会更加关注“今天的自己”。

所以，首要需要铭记的一点是“每个人的感受方式都是不同的”。就算有些人和自己走过的人生轨迹差不多，也并不能说明你们就会拥有百分之百相同的价值观。因此我们要做的是尊重自己和他人走过的人生，不要轻率地做出“好”或者“坏”的结论。无论是谁，其经历的过程都是很宝贵的，当然自己也是一样。

刚出生的婴儿，是纯洁无瑕的。没有任何算计，也不会表里不一。我认为在所有人的内心深处，都依然保持着这一面。

在此后的成长过程中，我们会经历各种批评、比较、否定，在接受教育和赚取金钱的过程中，每个人都有意无意地做过一些坏事。在这个过程中，大家都不再是最初的自己。

但是，我认为这并不意味着每个人仿佛婴儿般无瑕的部分就此消失了。只是各种恐惧心理使大家的心灵蒙上了灰尘，将无瑕的部分掩盖了起来。

和身体上的污垢相似，对于心灵上的灰尘也不能置之不理，但解决的难度要大得多。然而，这并不是要你自暴自弃，“反正我就是个废物，没有办法”“就算相信别人也只能换来背叛”，而是决心“不要随意做出评价，将内心的平和作为生存目标”，这两种心态是天差地别的。

有些人相信那些污垢就是自己的本来面目，有些人相信清除污垢就能够找回真实的自己，这就仿佛是钻石原石的故事。我相信在每个人的内心深处，都藏着一颗闪闪发光的钻石。

前面已经说过了，不要试图去改变别人，但是人是会变的。不过每个人都要经过一个过程。

如果有了这个观念，我们就可以解决下面这个例子中的问题。

例 到新公司已经一年了，但是依然无法融入集体。同事们在很开心地聊天，我就是无法参与其中。

坦白讲，对于这种问题我只能说“一切都需要一个过程”“等待时间来解决吧”。

无论是谁，对于突然发生的变化都会感受到压力。无论是谁，都是与已经熟悉的人交流起来更加容易。一旦有新人加入，一时间确实会产生一些抗拒反应，会感觉我们本来一切都挺好的，突然来了一个“外人”扰乱了局面。

对于外来的人和事都需要一个消化的时间。你能做的是尊重这个时间，同时明确自己的目标，“按时上下班，注意礼貌，注意态度”，通过这种方式表明“自己是个可以正常交往的对象”，这就足够了。然后在参加公司举办的一些集体活动时，公开做出“这活动很有意思啊”之类的表态，让大家多了解一些“工作之外的自己”。

在全新的环境下感到“归属感缺失”，这并不是一个“问题”，而是一个需要逐渐接受的“过程”。人们无论面对什么事情，都没办法“现在、立刻”做出反应，适应变化是需要时间的。而每个人所需要的时间也都不尽相同。对于那些难以融入集体的人来说，与其苦苦思索怎么样才能变得合群，不如换一种思考方式。

像这个例子中所说的情况，对方是没有恶意的，毕竟跳槽时间刚满1年。如同自己在思考“如何融入大家”一样，对方或许也在观察“你是个什么样的人”，这样想会让你感到轻松一些。

在大家开心聊天的时候很自然地接近，在大家笑起来的时候也跟着一起笑，只要表明自己是一个安全的人，迟早你也会加入这个聊天的圈子的。

只要自己的内心是平和的，周围的人也会拥有安全感。

如果过于急躁地想要彰显存在感，试着引领话题，可能反而会让大家觉得这个人“协调性比较差”。这会导致自己陷入“不合群”的状态，“归属感缺失”的情况也会更加严重。

例　我30多岁，新入职的员工年纪比我小一轮，他们的气质和潮流与我格格不入。和我有相同经历、能够相互理解的同事和前辈先后离职了，感觉自己很局促。

我的岁数已经不小了，很能理解这种心情。

在我所主持的AH活动小组之中，参与者包含男女老少，有着不同的职业背景甚至患有不同的疾病。大家超越了年龄与性别的限制，和平共处，这个场景总是让我很感动，我的内心也因此变得更加丰厚，更加温暖。

确实，年轻人是充满活力的，感觉自己跟不上年轻人的潮流也是很正常的。我的孩子现在10多岁，我经常感到可以从他们那里学到很多新东西，而且这种情况越来越常见。

但是，感觉“跟不上”，其实说明自己还保持着年轻时的思维方式。毕竟追求潮流的能力，是年轻人的专利。

随着年龄的增长，从不断累积的经验中学到的东西也是很多的。

这里又要用到“过程”这个概念了。现阶段的年轻人，早晚也会上岁数。如果只看眼前的场景，可能会认为自己与大家格格不入，但是如果想到这个人迟早也会老去，或许你对一切的理解就不同了。这种通过不同视角看待问题的能力，我认为就是成长的体现。

想着“我也有过这个时候啊”，就能够更加轻松地看待一切，年轻人或许还会告诉你智能手机的使用方法，“前辈，不会用智能机可不行哦”。通过这种方式，年轻人也会认为自己的存在是得到了“肯定”的。

也就是说，给予对方“归属感”，自己也能获得“归属感”，这真是一个很好的例子。

面对由变化带来的“归属感缺失”，试着用“过程”观点来看待问题。

注意避免适得其反

为了追求“归属感”而采取的努力，往往会遭到误解。

例如，努力和别人搭话，希望能够变得更加亲近，但是却被认为“话太多”“好打听”；在聚会等场合努力跟在别人旁边，会被认为“像个尾巴一样甩不掉，真烦人”。

过度的自我展示会使对方感觉受到了惊扰，甚至引发戒备心理，“想要搞好关系”的心情如果表现得过于直白，反而会导致“过分亲昵”的不快感觉。

这与创造“归属感”的初衷显然是背道而驰的。

为了防止这种悲剧，关键还是要关注于“内心的平和”。如果自己的心态是平和的，就不会由于焦躁而导致言行失当，说话做事都会让周围的人感觉很安心。

只要自己的内心是安定的，保持沉默也没有问题。

如果有人认为这样的你是“不擅长社交”，我认为对此完全不必在意。如果有人说“你不太爱说话啊”，不妨说“不好意思啊，我稍微有点认生”，这样温和的氛围就可以保持下去。

重要的不是言行，而是内心的平和。

受困于“归属感缺失”，需要调整生活的天平

我在讲述研修汉方的经历时，说过“生活要有平衡感”这个话题，为了防止自己承受的压力过大，特别需要关注业余时间的利用方式。通常来说，医生在休息的时候也还是在学习业务或者写论文，这份工作基本不存在“ON”和“OFF”之间的区别。我直到现在依然是个“万年考试王”，伏于案边工作的时间非常多（比我的孩子们花在案边的时间还要多，虽然他们才是真正需要考试的人……）。

但是，一旦感觉自己陷入“归属感缺失”，我就会立刻调整自己的生活状态。如准点下班，与其他行业的朋友出去喝个酒，自己做做饭，或者看

一些与医学无关的书。“这样的生活还是挺不错的嘛”，能够产生这种感觉是很重要的。

即使是某个场合令你产生了“归属感缺失”的感觉，如果能够调整一下自己生活的天平，那么多少会帮助你不再一直纠结于“这个世界没有我的立足之处”这种负面情绪。

这是因为环境的变化会使我们的心态发生变化。“必须尽快适应变化”的心态往往会使我们的生活失去平衡感，但是可以使我们更加意识到“平凡无奇的日常”其实就是一种幸福。

珍视“平凡无奇的日常”，更容易获得“归属感”。

找到角色，发挥作用

这里说一个我自己的亲身经历。我在2005年9月卸下了众议院议员的身份，为了在AH中心从事志愿工作，年底的时候搬到美国生活。由于是全家人一起前往美国，还需要解决孩子的小学和幼儿园教育等一系列问题。

后来的经历真的让我感到无语，甚至有些气愤。那些拿着薪水的员工对于AH完全不了解，连我都可以说出很多关于AH的历史，他们却对此一无所知。明明拿着薪水，迟到情况却非常严重，在办公时间打私人电话聊天，对于AH缺乏重视。

想到我为了这份长达7个月的无偿志愿工作，甚至带着全家来到美国，面对的却是这样的员工，我真的想哭。

和这些动机完全不同的人一起工作，当然完全难以交流，也找不到任何“归属感”。

但是我很快意识到一个问题。这7个月的时间，我要每天都在“做错了选择”的懊悔中度过吗？按照我的生存方式，这是难以接受的。

仔细考虑过后，我打算先问一下员工有没有什么杂事是我可以做的。得到的答案是有一大堆的文件必须经过碎纸机处理。粉碎文件这种工作我在日本的时候都是交给别人的。但是比起无所事事，有点事情做总归还是好一点，而且对于这种事务性的工作，我其实是很喜欢的。

于是我开始努力往碎纸机里面塞文件，结果碎纸机很快过热，在等待它冷却的过程中，周围的人纷纷问我“你以前真的做过国会议员吗？真的是医学博士吗？”

接下来是研讨小组以及培训工作的登记任务。我有生以来第一次，唰唰地操作信用卡。感觉自己好像成了一位商店老板，还挺有意思的。

由于大家认为我什么事情都可以做，所以我的工作量也越来越多。其中还包括接听从美国国内打来的，关于咨询AH的电话。虽然我也纳闷“为什么关于美国AH中心的建立方式，要由我一个日本人来说明”，但是我知道打电话来的都是同样致力于创建AH中心的人，所以我都很耐心地加以说明。

在致力于各种杂事的过程中，我认识到AH的国际网络还完全没有发挥作用。

因此，需要联系各国的AH中心，发出调查问卷，找出处于“活动”状态的小组，做出一份邮件列表。这份邮件列表现在依然在使用，时不时地为大家提供帮助。

这个故事可以被视为我为AH做出的“奉献”

（毕竟我所做的工作量是拿薪水的员工们的好几倍），其实也是我为自己寻找“角色”的过程。

无论哪一种，其实都为我找到“内心的平和”发挥了巨大作用。后来我成为国际AH事务局长也离不开这段工作经历。我并不是一开始就有“我要成为事务局长”的雄心壮志，只是本着“内心的平和”来处理一切事务。

不在意周围，默默奉献，道路自然会出现在你眼前。

COLUMN　笑的功效

我非常喜欢说笑话，已经过世的父亲曾经说我“干脆去说相声好了”。

作为我家的家风，能够逗大家一笑或许比学习成绩出众更加有价值。所以，我在各种场合总是能让大家发笑。

“笑”，是构筑人际关系的特效药。能够一起捧腹大笑的人，是不会感到彼此之间存在隔阂的。大家已经是伙伴了。

如果能用笑声把大家联系在一起，这是多好的一件事啊。在欧美国家，幽默感在社会交往以及个人修养中占据非常重要的地位。但是日本人总是给人一种过分认真的印象。如果大家一起欢笑的机会能够增加，“归属感缺失”的情况或许就能够减少了吧。

结语

“归属感”在你我的心中

所谓的“归属感缺失”，源于一个人将自己的“归属感”寄托在其他人身上，小心翼翼地与周围人相处，对“我在这里合适吗”感到惴惴不安。但是，这完全是本末倒置了，这一点是本书的主旨。

“我在这里合适吗？”这是一种非常无力的感觉。

这是由于将自己的价值依托于其他人的判断。如果一直沉溺于这种体验，那么最终很可能在精神层面出现问题。

就像本书所说的那样，“归属感”并不是别人给予的，而是要由自己创造的。

在本书之中，“归属感”与“自我接纳”实际上是相同的概念，所谓“自我接纳”这件事，完全不需要别人的批准，这是自己的事情。

在感到“归属感缺失”的时候，我们的目光往往是聚焦在外部事物上的，但实际上，这个时候我们应该做的是认真审视自己的内心。

再进一步说，所谓“归属感”，源于“内心的平和”，如果将这一点作为自己待人接物的唯一目标，“归属感缺失”的问题就会得到显著缓解。

本书一直在强调的是，想要实现“自我接纳”，就要接受对方原原本本的样子（为对方提供“归属感”），对于你不认识的人同样要从小事做起，学会给予，学会活在当下，这些看似与你无关的人和事，最终会产生十分显著的效果。

此外，在关注自身的同时，要记住任何事情都是需要一个过程的，要学会“今天做到这一步就很好”。做到“自我接纳”，对于自己不足的地方不要苛责，而是“今天做到这里就很好。必要的变化正在发生，但是需要一个过程”。

这种“自我接纳”的方式，可以有效消除“归属感缺失”，这是我从人生经验中得到的切实体会。

而对于抑郁症等切实的心理疾病而言，严重的“归属感缺失”是一种非常典型的症状。如果尝试了本书中介绍的方法，“归属感缺失”的情况依然很严重，这种情况下你一定要进行必要的疾病治疗，请一定要求助于精神科医生。

如果经常产生强烈的“想要从世界上消失”的念头，务必加以重视。虽然现在社会对于心理疾病依然存在比较强烈的偏见，但是这种疾病是有可能治愈的。

关键是要及时改善症状，这一点一定不要忘记。

此外，对于那些参加了“摆脱‘归属感缺失’

状态研讨会”，并且允许我将其中的内容用于本书写作的各位AH同伴，我也表示诚挚的谢意。

我衷心希望本书能够为帮助大家消除“归属感缺失”起到一些作用。

AH小组的行动指南

以下指南，是为了有效发挥活动小组的功能而制定的。

1.活动小组的目的，是实践内心的平和。

2.小组中的成员，要集中意识来“倾听”。敞开心扉倾听别人说了什么，为彼此提供帮助和支持，不要作出评价，说出自己的感受。

3.参加活动的目的在于自我治愈，不要对别人提出建议，不要试图改变别人的信念和行动。

4.说出自己的真实体验。释放自己的感情，才能够在彼此之间找到共鸣，从而更好地感受人与人之间的关联。

5.包括自己在内，小组中的每一个人都是无可替代的存在，要相互尊重。每个人的经历都不尽相同，不是自己能够妄加评价的。

6.为了使每个人都能倾听自己内心的声音，大家要相互支持。

7.学生与老师之间的角色是可以互换的。和年龄与经验都没有关系，大家都既是学生，又是老师。

8.“透过表面看本质”，努力把自己的内心完全向对方敞开。把每个个体看作一个整体，不要对个人的外表、心情、行为以及当时的状况作出判断。

9.是选择平和还是纠结，是选择恐惧还是洒脱，请留意自己在平时做出的选择。

10.在小组中进行的谈话是严格保密的。这对于创造安全、可信赖的环境至关重要。

*这份指南虽然是针对AH小组活动制定的，但是我认为所有的人际关系都可以被视为一个“AH小组”，无论面对的是什么样的人，这份指南都是值得参考的。

我们都是一样的孤独

接纳自我，给心找个立足之处

[日]水岛广子◎著
王晓蕊◎译

国家一级出版社 中国纺织出版社 全国百佳图书出版单位